Niskarto Zendrato
Ertina Sabarita Barus

Utilização da largura de banda durante o encerramento do escritório utilizando o servidor mikrotik

Niskarto Zendrato
Ertina Sabarita Barus

Utilização da largura de banda durante o encerramento do escritório utilizando o servidor mikrotik

ScienciaScripts

Índice:

INTRODUÇÃO

Uma das principais mudanças na área das telecomunicações é a utilização da tecnologia sem fios. A tecnologia sem fios é também aplicada nas redes informáticas, como é conhecida a LAN sem fios (WLAN). Algumas das ofertas de LAN sem fios são especialmente atraentes para os utilizadores de computadores que utilizam esta tecnologia para aceder a uma rede informática ou à Internet. Nos últimos anos, os utilizadores de LAN sem fios aumentaram exponencialmente. Esta melhoria do número de utilizadores foi acompanhada por um aumento do número de hotspots em locais públicos, como cafés, centros comerciais, aeroportos, escritórios e até mesmo no campus e nas escolas, mas a sua propagação não está distribuída uniformemente pelas regiões dos subúrbios das cidades.

De acordo com a investigação de Imam (2010), na revista intitulada Bandwidth Optimization Using Traffic Shapping. Explicar sobre a utilização do uso de banda para acesso a rede de internet usando traffic shapping de banda que pode proporcionar eficiência em termos de utilização de banda em instituições governamentais que fazem gestão no tráfego de rede. O método utilizado é o estudo bibliográfico de fontes de dados relacionadas e métodos experimentais como a investigação através da configuração do MikrotikOS para efetuar o traffic shapping bandwidth. No traffic shapping existem várias etapas de marcação de todo o tráfego o que significa é a marcação de todas as ligações que entram e saem de passagem pelo router mikrotik, marcação da ligação internacional o significado é verificar a ligação que chega e o objetivo internacional com a forma de corresponder ao Endereço IP existente na lista de endereços do router mikrotik, marcação do pacote nacional quando na parte da verificação da ligação internacional existe um Endereço IP comum então automaticamente será marcado como pacote nacional, filas simples o pacote será feito a separação e processado de acordo com as necessidades do limiar. O resultado esperado do seu router pode fazer traffic shapping para que a qualidade de uma melhor ligação para aceder e recuperar dados.

Com base na investigação de Reska (2013), na revista intitulada design and implementation on Bandwidth Management Using Vyatta, explicam: as necessidades de acesso à Internet são muito elevadas para os utilizadores, mas muitos dos problemas encontrados pelos utilizadores que gastam a largura de banda livremente, incluindo o streaming de vídeo, o download, o acesso excessivo a sítios, resultaram na lentidão de um cliente que outros numa rede LAN (Local Area Network).

Este curso fará com que os outros utilizadores de acesso à Internet numa rede LAN sejam restringidos e não sejam eficazes. Então a solução é necessária para resolver este problema. O sistema operativo Vyatta router é um sistema derivado do debian linux que pode ser utilizado como solução para gerir a largura de banda. Esta placa Vyatta router OS vai bem para a gestão da largura de banda e fiável para resolver o problema acima.

O Ministro da Comunicação e Informática (Ministro da Informação) Rudiantara afirmou que continua a promover o acesso equitativo à Internet em todas as províncias da Indonésia. Está muito aberto à aplicação da tecnologia de vários métodos para alcançar o equilíbrio.

Porque o autor quis fazer um estudo de classificação da rede de Internet com a utilização de largura de banda não utilizada em escritórios fora do horário de expediente, que pode ser utilizada nas horas de regresso do escritório às 17h00 até às 07h30 da manhã e nos feriados, o escritório tem normalmente largura de banda ilimitada para divulgar à comunidade, para que o pagamento de largura de banda ilimitada não se torne inútil e útil para as pessoas que precisam de Internet, para que algumas pequenas empresas possam ajudar o governo, especialmente empenhadas em classificar a Internet

Na disseminação da rede de Internet é também necessária uma gestão de utilizadores e de largura de banda que será muito útil para o apoio e a qualidade de serviço (QOS) que mais tarde será dada à comunidade pode ser mais máxima, para o lado do servidor o servidor RADIUS será feito para a autenticação do utilizador e o servidor SMS para enviar o utilizador e a senha para fazer o login para poder aceder à Internet, o lado do cliente da sociedade pode usar diretamente o serviço de Internet através do gadget cada um depois de enviar o pedido de login para o servidor SMS.

A largura de banda não utilizada no escritório fora do horário de expediente torna o consumo de largura de banda no escritório menos eficaz. No processo de distribuição da largura de banda fora do horário de expediente que não é gerida, a divisão da largura de banda não é distribuída uniformemente e pode danificar rapidamente o seu router.

A preocupação do problema nesta investigação é :

1. A largura de banda utilizada neste estudo é a do escritório em tempo livre, neste estudo no escritório PT Deltauli Teknikarya principal de Medan.

2. Utilização do Mikrotik RouterOS como gestão da largura de banda.

3. Utiliza a frequência de 2,4 GHz para ligação a aparelhos.

4. Utilizar a frequência de 5 GHz para a ligação do escritório ao POP (Point Of Presence) no campo Pancurbatu.

5. Utilizar o servidor FreeRADIUS como controlo e gestão do utilizador.

6. Áreas de investigação na zona circundante de Pancurbatu, Kabupaten Deli Serdang Regency, Sumatra do Norte.

7. Utilizar o SMS Gateway para enviar as informações de início de

sessão.

O objetivo desta investigação é analisar a utilização da Internet não utilizada no escritório para ser utilizada pela comunidade que não tem acesso a uma rede de Internet rápida e barata.

Os benefícios que podem ser obtidos com esta investigação são os seguintes

1. Ajudar o governo, especialmente empenhado numa pequena questão de distribuição uniforme da Internet.

2. O documentário capta o conhecimento e pode tornar-se um meio de entretenimento com a presença da Internet, que é rápida e barata.

3. Interesse crescente do público na venda ou compra de produtos com desconto em linha

Capítulo 1
REVISÃO DA LITERATUR

De acordo com Tornero et al (2010), na revista intitulada A Communication-Driven namely with Routing for Application-Specific NoCs, explica a definição da largura de banda com base na aplicação que está a ser utilizada e que requer a rede de Internet. A técnica utilizada consiste em combinar um algoritmo de encaminhamento agnóstico à topologia e um mapeamento consciente da comunicação. A função do algoritmo de encaminhamento agnóstico da topologia é fornecer a solução de encaminhamento adequada quando aplicada a cada uma das diferentes topologias e a função de mapeamento consciente da comunicação é otimizar o desempenho da rede e o consumo de energia. A investigação simulou a utilização de uma topologia em malha e produziu um aumento da latência superior a 30% e a velocidade do processo de rede aumentou 15% em relação à rede anterior.

De acordo com a investigação de Shafinah & Ikram (2011), na revista intitulada File Security based on Pretty Good Privacy (PGP) Concept, explica-se a utilização do software Pretty Good Privacy (PGP) para encriptar os dados que são armazenados num servidor. Isto foi feito para que todos os dados que estão armazenados possam manter a sua confidencialidade sem serem conhecidos pelas outras partes que ameaçam os dados, devido à relação entre os dados no servidor e a rede de internet que resultou em dados que podem ser conhecidos pelas outras partes. Este programa tem 2 fases na encriptação de dados com o software PGP, o programa cria uma chave secreta para os dados e depois o programa encripta e mengkompres os dados. A investigação produz o nível de segurança que é garantido pelas partes que não são desejadas. Com a posse de uma chave secreta entre o remetente e o destinatário dos dados, a confidencialidade dos dados pode ser garantida mesmo que os dados sejam enviados através da rede Internet, devido à sua chave secreta conhecida apenas por ambas as partes.

De acordo com a pesquisa de Tafaul (2011), na revista intitulada OS Mikrotik As Bandwidth Management by implementing the method Per Connection Queue (2011), explicou sobre a configuração da gestão de largura de banda usando os métodos per connection queue (PCQ) e usar o sistema de filas queue tree. Em princípio, o método de fila permite equilibrar a largura de banda utilizada em alguns clientes. No sistema operativo mikrotik, o PCQ é um programa para gerir a Qualidade de Serviço (QoS) do tráfego de rede. O principal objetivo deste método é efetuar uma partilha de largura de banda de forma automática e uniforme para vários clientes. O princípio de funcionamento do PCQ consiste em aplicar o algoritmo simples das filas de espera ou das árvores de espera, em que há apenas um cliente ativo que utiliza a largura de banda, enquanto outro cliente se encontra na posição do cliente inativo e ativo pode utilizar a largura de banda máxima disponível, mas se houver outros clientes activos, então a largura de banda máxima pode ser utilizada por ambos os clientes (largura de banda ou número de clientes activos), pelo que a largura de banda pode ser distribuída equitativamente por todos os clientes.

De acordo com a investigação de Imam (2010), na revista intitulada otimização da largura de banda usando Traffic Shapping. Explicar sobre a utilização da largura de banda para aceder à rede Internet utilizando o traffic shapping que pode proporcionar eficiência em termos de utilização da largura de banda em instituições governamentais que fazem a gestão do tráfego de rede. O método utilizado é o método da fonte de dados relacionada com a literatura e métodos ekperimen nomeadamente fazer investigação configurando o MikrotikOS para efetuar traffic shapping bandwidth. No traffic shapping existem várias etapas de marcação de todo o tráfego o que significa é a marcação de todas as ligações que entram e saem de passar pelo router mikrotik, marcação da ligação internacional o significado é verificar a ligação que chega e o objetivo internacional com a forma de corresponder ao Endereço IP existente na lista de endereços do router mikrotik, marcação do pacote nacional quando na parte da verificação da ligação internacional existe um Endereço IP comum então automaticamente será marcado como pacote nacional, filas simples o pacote será feito a separação e processado de acordo com as necessidades do limiar. O resultado esperado do seu router pode fazer traffic shapping para que a qualidade de uma melhor ligação para aceder e recuperar dados.

A rede é um conjunto de hardware ligado entre si através de um meio como cabos de cobre, cabos ópticos, micro ondas e infravermelhos que permite a troca de dados. O hardware pode ser um computador, um PDA, impressoras e outro hardware capaz de enviar e receber dados (forouzan, 2005). A rede informática é um modelo de computador único que serve todas as tarefas informáticas de uma organização que é substituída por um conjunto de computadores que são assentamentos separados mas que estão relacionados entre si na realização das suas tarefas (Tanenbaum, 2003). A rede informática é constituída por dois ou mais computadores que estão ligados e podem partilhar dados, aplicações, equipamento informático e ligação à Internet ou alguma combinação dos mesmos (Todd, 2012).

As vantagens da rede informática para a empresa através da reafectação (Tanenbaum, 2003) são

1. A partilha de recursos é o objetivo de todo o programa, equipamento, especialmente os dados, poderem ser utilizados por todos os que não são afectados pela localização do recurso e dos utilizadores, por outras palavras, a partilha de recursos é um esforço para remover os obstáculos à distância.

2. Alta Fiabilidade com o objetivo de cada programa e dados terem fontes alternativas de modo a que quando um dos motores se danificar os dados e programas possam ser retirados de outra máquina para que a atividade possa continuar a andar.

3. As economias de custo da utilização do computador de pequena dimensão têm uma relação preço/desempenho superior à de um grande computador, porque os computadores mainframes têm dez vezes a velocidade do seu computador pessoal e o preço mil vezes mais caro do que o seu computador pessoal, pelo que os projectistas do sistema optam mais por construir um sistema que consiste em computadores pessoais utilizando o modelo cliente-servidor

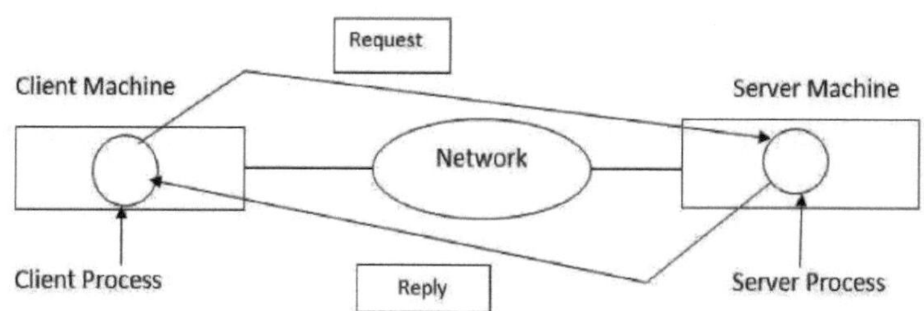

Figura 1 Modelo *Cliente-Servidor*

4. Escalabilidade para melhorar o desempenho do sistema periodicamente, de acordo com a carga de trabalho, adicionando um número de processadores.

5. O meio de comunicação é uma rede que utiliza duas ou mais pessoas que podem comunicar com facilidade diferente

As vantagens da rede informática para o grande público são:

1. Acesso à informação que se encontra no terreno. Um dos acessos remotos a informação que já existe no terreno é o acesso a instituições financeiras. Por exemplo, pagar a sua conta, gerir a conta bancária eletronicamente.

2. A comunicação com o campo da comunicação com as pessoas que pode ser feita hoje em dia são os jornais online, o correio eletrónico em tempo real e a videoconferência que permite a relação com as pessoas pode ser feita à distância.

3. O entretenimento interativo é uma grande indústria que continua a desenvolver uma forma de entretenimento interativo: os jogos em linha e o vídeo a pedido.

Alguns dos tipos de redes informáticas no estudo das várias redes informáticas têm duas classificações muito importantes, nomeadamente a tecnologia de transmissão e a distância. Em linhas gerais, existem dois tipos de tecnologia de transmissão: a rede de difusão e a rede ponto-a-ponto.

A rede de difusão tem um único canal de comunicação partilhado por todas as máquinas da rede. Estas mensagens são pequenas, pelo que o pacote enviado por uma máquina será aceite pelas outras máquinas. O campo de endereço num pacote contém informações sobre a pessoa a quem o pacote se destina. Ao receber o pacote, a máquina verifica o campo de endereço. Quando o pacote se destina a si próprio, a máquina processa o pacote; quando o pacote se destina a outras máquinas, a máquina ignora-o.

A rede ponto-a-ponto é constituída por vários pares de ligações individuais a partir da máquina. Para enviar o pacote da origem para um destino, um pacote na rede pode passar por uma ou mais máquinas intermediárias. Muitas vezes, tem de passar por muitas rotas que podem ser diferentes da distância. Por conseguinte, o algoritmo de rota desempenha um papel importante na rede ponto-a-ponto.

Em geral, as redes mais pequenas e mais localizadas geograficamente tendem a utilizar a radiodifusão, enquanto as redes maiores utilizam o ponto-a-ponto.

1. Rede local (LAN)

A rede local (LAN) é uma rede privada num edifício ou num campus com uma dimensão que pode ir até vários quilómetros. A LAN é frequentemente utilizada para ligar o seu computador ao seu computador pessoal e à estação de trabalho no escritório de uma empresa ou nas fábricas para partilhar recursos (recursos, por exemplo, a impressora) e trocar informações.

A LAN utiliza frequentemente uma tecnologia de transmissão por cabo único. A LAN tradicional funciona à velocidade inicial de 10 a 100 Mbps (mega bits/segundos) com um atraso reduzido (dezenas de micro segundos) e tem um pequeno fator de erro. A LAN moderna pode funcionar a uma velocidade superior, até centenas de megabytes/segundo.

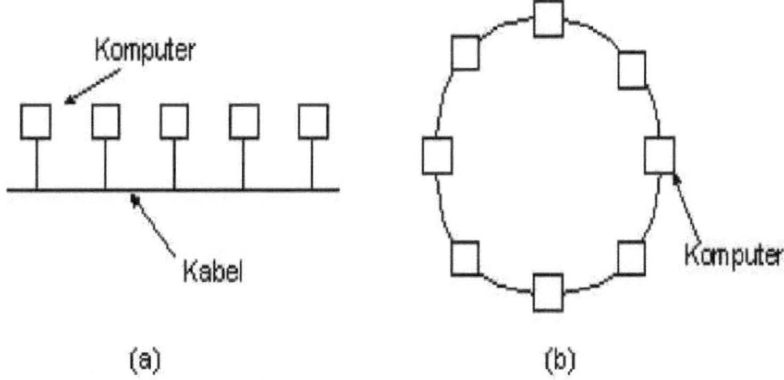

Figura? Dois tipos de rede de difusão. (A)
Barramento (B) Anel

Existem vários tipos de topologia que podem ser utilizados na difusão da LAN. A Figura 2 descreve os dois tipos de topologia existentes. Na rede de barramento (nomeadamente os cabos adicionais), quando uma máquina actua como mestre e pode enviar pacotes. As outras máquinas têm de se conter para não enviar nada. Assim, para evitar conflitos, quando duas ou mais máquinas querem enviar simultaneamente, é necessário um mecanismo de regulação. O mecanismo de regulação pode assumir a forma de componentes centralizados ou distribuídos. A rede IEEE 802.3, popularmente designada por rede Ethernet, é um barramento de difusão com um controlador descentralizado que funciona a uma velocidade de 10 a 100 Mbps. Os computadores no cabo Ethernet podem ser enviados sempre que quiserem, quando dois ou mais pacotes colidem, então cada computador apenas espera com um tempo de espera aleatório antes de repetir a entrega.

O outro sistema de difusão é um anel, nesta topologia cada bit é enviado para a região circundante sem esperar que o pacote completo seja recebido. Normalmente, cada bit em torno do anel no tempo necessário para enviar algum bit, mesmo muitas vezes antes de o pacote completo ser enviado na totalidade. Tal como outros sistemas de difusão, devem ser cumpridas algumas regras para controlar o acesso a um anel simultâneo. A LAN IEEE 802.5 (token ring) é uma rede popular que opera a uma velocidade entre 4 e 16 Mbps.

Com base no canal de atribuição, a rede de difusão pode ser dividida em duas partes: estática e dinâmica. O tipo de atribuição estática pode ser dividido com base no intervalo de tempo do intervalo discreto e no algoritmo round robin, que permite que cada máquina transmita apenas quando o tempo do intervalo é recebido. A atribuição estática é muitas vezes um desperdício de capacidade do canal quando uma máquina não tem nada que precise de ser feito no momento em que a promessa de slot é recebida. O método de atribuição dinâmica de um canal pode ser centralizado ou descentralizado. No método de atribuição centralizada de canais, há uma única entidade, por exemplo, os responsáveis pela unidade de barramento, que determina a próxima vez. Esta entrega de pacotes pode ser feita após a receção do turno e tomar decisões relacionadas com o algoritmo interno. No método de atribuição descentralizada de canais, não existe uma entidade central, cada máquina deve ser capaz de definir por si própria quando pode ou se deve ou não enviar.

As vantagens da rede LAN são as seguintes:

1. A troca de ficheiros pode ser feita facilmente (partilha de ficheiros).

2. A partilha de impressoras pode ser efectuada por todos os clientes (Partilha de impressoras).

3. Os ficheiros de dados podem ser armazenados no servidor para que os dados possam ser acedidos a partir de todos os clientes, de acordo com a autorização de todos os funcionários, que pode ser feita com base na estrutura organizacional da empresa, para que a segurança dos dados seja garantida.

4. O ficheiro de dados de saída/entrada de/para o servidor pode ser controlado.

5. O processo de cópia de segurança dos dados torna-se mais fácil e rápido.

6. O risco de perda de dados por vírus informáticos torna-se muito reduzido.

7. A comunicação entre os funcionários pode ser feita através de correio eletrónico e chat.

8. Quando um dos clientes/servidores está ligado a um modem, todo ou parte do computador no
A rede LAN pode aceder à rede Internet ou enviar um fax através de 1 modem.

2. Rede de Área Metropolitana (MAN)

A Rede de Área Metropolitana (MAN) é basicamente uma versão da LAN que é maior e normalmente usa a mesma tecnologia da LAN. A MAN pode incluir os escritórios da empresa que se encontram nas proximidades e pode ser utilizada para necessidades pessoais (privadas) ou gerais. A MAN é normalmente capaz de suportar dados e voz, e pode até estar associada à rede de televisão por cabo. A MAN tem apenas um ou dois cabos e não possui um elemento de comutação, que tem como função definir o pacote através de algum dos cabos de saída. A existência de elementos de comutação torna o projeto mais simples.

A principal razão para separar a MAN como uma categoria especial é o facto de ter sido determinada uma norma para a MAN, que está agora a ser implementada. A norma chama-se DQDB (Distributed Queue Dual Bus) ou 802.6, de acordo com a norma IEEE. O DQDB é constituído por dois cabos unidireccionais onde todos os computadores estão ligados, como mostra a figura 2.3. Cada barramento tem uma extremidade principal, o dispositivo que inicia as actividades de transmissão. O tráfego em direção ao computador que se encontra à direita do remetente utiliza a parte superior do barramento. O tráfego em direção ao computador que se encontra à esquerda do emissor utiliza o barramento que se encontra na parte inferior.

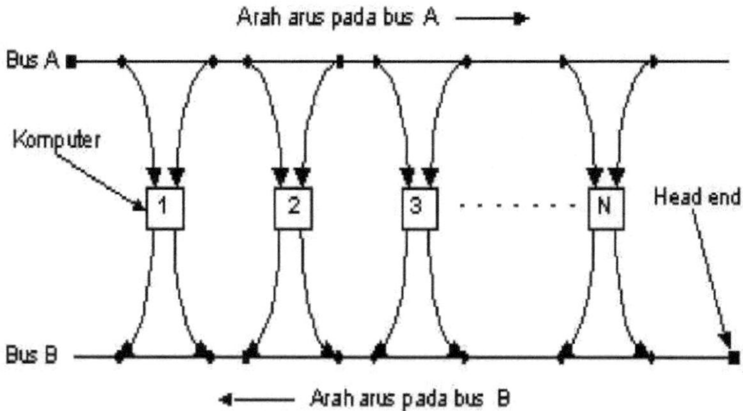

Figura 3. Arquitetura MAN DQDB

3. Rede de área alargada (WAN)

A Wide Area Network (WAN) inclui uma vasta área geográfica, frequentemente um país ou um continente. A WAN é constituída pelo motor que tem por objetivo executar programas de aplicação.

Seguiremos o uso tradicional e mencionaremos este motor como o hospedeiro. O termo Sistema Final é por vezes também utilizado na literatura. O anfitrião está ligado a uma sub-rede de comunicação, ou simplesmente chamada sub-rede. A tarefa da sub-rede é levar as mensagens do anfitrião a outros anfitriões, como o sistema telefónico que leva o conteúdo das palestras do orador à audiência. Ao separar o aspeto de comunicação pura de uma rede (sub-rede) dos aspectos da aplicação (anfitrião), a conceção da rede completa torna-se muito mais simples. Na maior parte das WAN, a sub-rede é constituída por dois componentes, nomeadamente cabos de transmissão e elementos de comutação. Os cabos de transmissão (também designados por circuito, canal ou tronco) movem os bits de uma máquina para as outras máquinas.

O elemento de comutação é um computador especial que é utilizado para ligar dois ou mais cabos de transmissão. Quando o cabo de dados chega ao destinatário, o elemento de comutação deve escolher o remetente do cabo para reencaminhar estas mensagens. Infelizmente, não existe uma terminologia normalizada para designar um computador como este. O seu nome é variadamente designado por nó de comutação de pacotes, sistema intermidiático, troca de comutação de dados, etc.

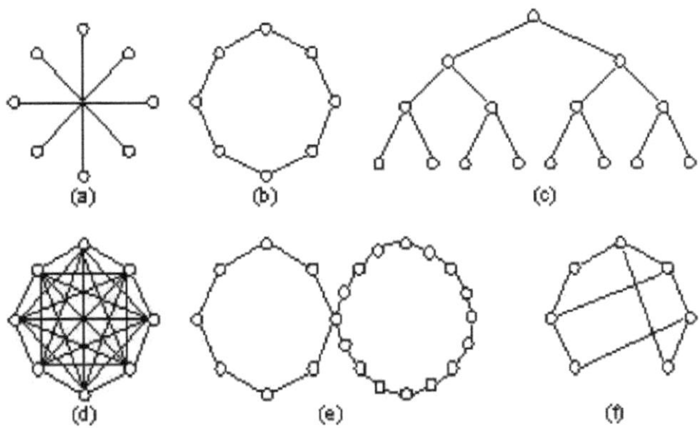

Figura 4. Ligação entre anfitrião e anfitrião e
sub-rede

Como termo genérico para a comutação de computadores, utilizaremos o termo router. Mas primeiro é preciso saber que não há consenso no uso desta terminologia. Neste modelo, como mostra a figura 4, cada anfitrião está ligado à LAN onde existe um router, embora em algumas circunstâncias um anfitrião possa ser ligado diretamente a um router. Os canais de comunicação e o seu router (mas não o anfitrião) estabelecerão uma sub-rede.

O termo sub-rede é muito importante, pois a sub-rede significa a coleção de routers e canais de comunicação que movem o pacote a partir do anfitrião de destino. Vários anos mais tarde, a sub-rede adquiriu outro significado em relação ao endereçamento de rede.

A maior parte da rede WAN é constituída por um conjunto de cabos ou linhas telefónicas que ligam um par de routers. Quando um pacote é enviado de um router para outro router através de um router intermediário ou mais, o pacote será recebido pelo router em todas as circunstâncias, armazenado até que o canal de saída esteja livre e depois reencaminhado recentemente.

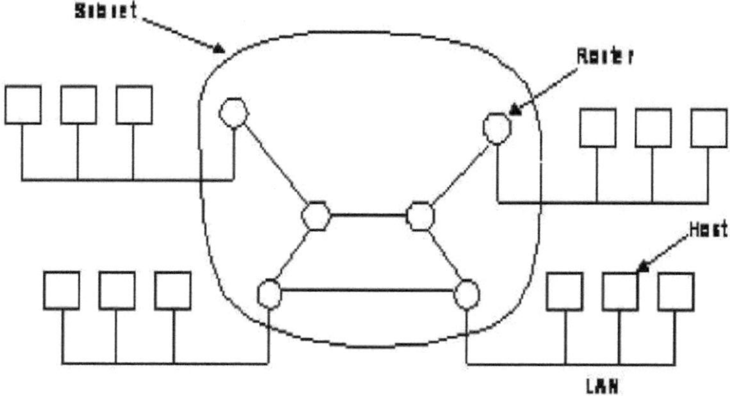

Figura 5. Algumas Topologias de Sub-redePonto-a-Ponto (A)Estrelas (b)Anel (c)Árvores (d)Completa (e) anel interativo (f)Qualquer

A sub-rede que contém princípios como este é designada por sub-rede ponto-a-ponto, store-and-forward ou packet-switched. Quase todas as WAN (exceto as que utilizam satélite) têm sub-rede store-and-forward.

Ao utilizar a sub-rede ponto-a-ponto, um problema de conceção importante é a seleção do tipo de encaminhador da topologia de interligação. A figura 2.5 explica algumas topologias possíveis. A LAN tem geralmente a forma de uma topologia simétrica, ao passo que a WAN tem geralmente uma topologia indefinida.

As vantagens de uma rede WAN.

a. O Servidor do Escritório Central pode funcionar como um banco de dados da filial.

b. Acesso rápido e fácil entre os computadores.

c. Os documentos/ficheiros são normalmente enviados por fax ou pacote postal, podendo ser enviados por correio eletrónico e a transferência de ficheiros de/para a sede e as filiais é relativamente barata e muito rápida.

d. O agrupamento de dados e a atualização dos dados entre gabinetes podem ser feitos todos os dias à hora marcada.

e. Pode efetuar uma cópia de segurança (recuperação) dos dados no outro computador sem ter de desmontar o disco rígido.

4. Sem rede por cabo

Os computadores móveis, como os computadores portáteis e os assistentes pessoais digitais (PDA), são um ramo da indústria informática que regista o crescimento mais rápido. Muitos dos proprietários deste tipo de computador têm, de facto, máquinas de secretária que estão ligadas à LAN ou à WAN, mas como a ligação por cabo não pode ser feita no carro ou no avião, muitos estão interessados em ter o computador com a rede sem este cabo.

Sem rede de cabo tem vários benefícios, que tem sido comumente conhecido é escritório portátil. Quem está em viagem quer muitas vezes utilizar o seu equipamento eletrónico portátil para enviar ou receber chamadas telefónicas, faxes, correio eletrónico, ler a entrada remota falhada numa máquina remota, etc. e também quer fazer estas coisas em qualquer lugar, terra, mar, ar. Sem rede por cabo é muito útil para resolver os problemas acima referidos.

Tabela. A combinação de uma rede sem cabos e da computação móvel

Sem fios	Telemóvel	Aplicação
Não	Não	A Worksation permanece no escritório
Não	Sim	Computador portátil ligado ao telefone len
Sim	Não	LAN com comunicação sem fios
Sim	Sim	Escritório portátil, PDA para preparação

Embora a rede sem cabos e o sistema de computação que pode comutar estejam muitas vezes intimamente relacionados, na realidade não são os mesmos, como se pode ver no quadro 1. O computador portátil também utiliza por vezes o cabo, nomeadamente quando alguém está em viagem a ligar o computador portátil à tomada de telefone de um hotel, temos então uma mobilidade que não dispensa o cabo de rede. Pelo contrário, há também os computadores que utilizam a rede sem cabos mas não são portáteis, isto pode acontecer pois os computadores estão ligados em LAN que utilizam meios de comunicação sem fios (rádio).

Embora a rede sem este cabo seja fácil de instalar, este tipo de rede tem muitas falhas. Normalmente, a rede sem cabo tem a capacidade de 1-2 Mbps, o que é muito inferior em comparação com a rede com fios. A taxa de erro também é muitas vezes superior, e a transmissão a partir de um computador diferente pode interferir com a outra.

5. A topologia da rede informática

A topologia é uma forma de ligar o computador a um com o outro computador de modo a formar uma rede. A forma que é atualmente utilizada por muitos é o bus, o token ring, a estrela e a rede peer-to-peer. Cada uma destas topologias tem caraterísticas especiais, com as vantagens e desvantagens próprias.

a. Topologia do autocarro

Benefícios :

1. Poupança de cabos
2. Disposição simples dos cabos
3. Fácil de desenvolver

Perda :

4. A deteção e o isolamento de erros muito pequenos
5. Congestionamento do tráfego
6. Quando um dos clientes é danificado, a rede não consegue funcionar.
7. Repetidor necessário para o controlo remoto.

b. Topologia TokenRING

O método Token de anel (frequentemente designado apenas por anel) é a forma de ligar o seu computador para que a forma de anel (círculo). Cada nó tem o mesmo nível. A rede é designada por "loops", os dados são enviados por cada Comissão Parlamentar para o nó e cada nó recebe a informação que verificou o endereço dos dados que lhe são destinados ou não.

As vantagens :

rentável

Cabo de perda :

1. Sensível a erros
2. O desenvolvimento de uma rede mais rígida

c. Topologia STAR

Controlo centralizado, todas as ligações devem passar pelo centro que transmite os dados a todos os nós ou clientes que escolher. O nó central denominado estação não disponível é o servidor primário e o outro é denominado estação secundária ou servidor cliente. Após a relação de rede iniciada pelo servidor e cada servidor cliente durante o tempo pode usar a relação da rede sem esperar por um comando do servidor.

As vantagens :

1. O mais flexível
2. A instalação/mudança da estação é muito fácil e não interfere com a outra secção da rede
3. Controlo centralizado
4. Facilidade de deteção e isolamento de erros/danos
5. Gestão de redes Kemudahaan

Perda :

1. Desperdício de cabos
2. Necessita de tratamento especial
3. O controlo centralizado (HUBS) é um elemento crítico

d. STAR alargado

Desenvolver a topologia STAR que se desenvolveu. Sob a forma de ligações individuais que se ligavam aos hubs hub/switch concentrados.

e. Hierarcial

É semelhante ao Extended Star, mas o sistema na ligação a um computador que controla o tráfego na topologia.

f. Malha

Utilizado na condição em que não há ligação de comunicação desligada no computador antárnode absoluto. Como exemplo temos os sistemas de controlo de uma central nuclear. Esta topologia também reflecte a forma como é concebida a Internet que tem multipercurso para vários locais.

g. Par-a-par

Rede par a par significa colagem. A rede peer-to-peer é uma rede informática constituída por vários computadores (normalmente não mais de dez computadores com 1-2 impressoras). Neste sistema de rede é preferível utilizar o programa, os dados e as impressoras em conjunto. Os utilizadores do computador chamado Dona podem utilizar o programa que está instalado no computador Dino, e ambos podem imprimir para a mesma impressora ao mesmo tempo.

Este sistema de rede também pode ser utilizado em casa. Os utilizadores de computadores que têm um computador antigo, por exemplo AT, e querem dar um computador novo, por exemplo Pentium II, não precisam de deitar fora o seu computador. Basta colocar a placa de rede nos dois computadores e ligá-la com um cabo especial ao sistema de rede.

Em comparação com a terceira forma acima referida, o sistema de rede é mais simples e mais fácil de compreender e utilizar.

O equipamento necessário :

O equipamento utilizado para criar uma rede :

a. A unidade do computador para o servidor.

b. Algumas das unidades informáticas para o Cliente.

c. HUB 16 portas para a rede que consiste em 1 Servidor e 15 Clientes.Placa Ethernet para cada computador necessário 1 Placa Ethernet.

d. RJ Jack 45, para cada computador são necessários 2 PCS RJ Jack 45. e. Comprimento do cabo UTP em função das necessidades no momento da instalação.

f. 56Modem Kbps.

g. Linha telefónica.

h. UPS

Software

a. Microsoft® Windows NT Server 4.0 , para o sistema operativo do servidor.

b. Microsoft® Windows 95/98, para o sistema operativo do cliente. 2.6.

Um exemplo de aplicação da rede informática :

a. Cliente C, Cliente E imprime um documento na impressora do Cliente A

b. O cliente F imprime um documento na impressora do cliente B

c. Os clientes A, B, C, D, E e F podem comunicar entre si.

d. O cliente G acede aos dados do servidor dos empregados a partir de sua casa.

e. A Internet no Cliente D está ativa, os Clientes A, B, C, E e F podem utilizar simultaneamente os recursos da Internet disponíveis no Cliente D.

O modem do cliente D pode funcionar como fax, os clientes A, B, C, E, F podem utilizar o fax do modem para poupar custos de impressão, não é necessário imprimir documentos em papel, mas sim enviar diretamente para o número de fax que será direcionado para o documento que se lê, este é um exemplo do resultado.

6. Mikrotik

A Mikrotik era originalmente uma pequena empresa fundada por John

Trully e Arnis Riektins na Letónia. John Trully é um cidadão americano que emigrou para a Letónia, enquanto Arnis é licenciado em física e mecânica e ambos se conheceram em 1995. A Mikrotik começou a ser utilizada na Moldávia por volta de 1996, utilizando o sistema Linux e o MS-DOS, combinados com a tecnologia de LAN sem fios (WLAN) Aeronet de 2 Mbps de velocidade.

Apesar de utilizar a tecnologia sem fios, a Mikrotik mantém o princípio de construir um programa de router fiável que pode ser utilizado em todo o mundo. Desta vez, a Letónia tornou-se o centro de desenvolvimento da investigação Mikrotik porque John e apodreceram quando começaram a ajudar outros países, incluindo o Sri Lanka, onde servem cerca de 400 utilizadores. O primeiro Linux é utilizado no desenvolvimento do kernel Mikrotik 2.2, desenvolvido com a ajuda de 5 a 15 funcionários de Investigação e Desenvolvimento (I&D). De acordo com Arnis, para além de contarem com o pessoal de I&D no seu próprio ambiente Mikrotik, também recrutam pessoal de lançamento e um terceiro desenvolve um protocolo Mikrotik.

O router Mikrotik RouterOSTM baseado em Linux está alocado como router de rede. Concebido para proporcionar uma administração fácil, pode ser efectuado através da aplicação Windows (WinBox). Para além disso, a instalação pode ser feita no computador padrão PC (Personal Computer).

7. Largura de banda

A largura de banda é o número de bits que podem ser transmitidos numa rede num determinado período de tempo. Por exemplo, uma rede com uma largura de banda de 10 Mbps significa que a rede é capaz de transmitir dez milhões de bits por segundo. A largura de banda também determina o tempo necessário para que cada bit seja transmitido em 10 Mbps, ou seja, 0,1 microssegundos para transmitir cada bit (Peterson e Davie, 2003).

A largura de banda é uma contagem dos dados de consumo disponíveis numa telecomunicação. Calculada em unidades de bits por segundo (bits por segundo). A largura de banda indicada para a comunicação sem fios, a transmissão de dados por modem, a comunicação digital, a eletrónica é a largura de banda que se refere ao sinal analógico que é medido em unidades de bits por segundo, como se pode ver no quadro 2 seguinte

A tabela 2. Velocidade de transferência de dados

Velocidade de transferência de dados			
Velocidade	Símbolo	Descrição	Aplicação

1.000 bits/s	1 kbps	1 megabytes ou um milhão de bits por segundo.	A velocidade média da Internet dial-up na Indonésia é de Atualmente 56 kbps.
1.000. 000 bits/s	1Mbps	1 gigabit ou mil milhões de bits por segundo.	A velocidade de transferência de dados através da comunicação sem cabos (sem fios) em 2,4 GHz é de 2 Mbps, enquanto a velocidade de um comutador normal é de 100 Mbps.
1.000. 000.00 0 bit/s	1Gbps	1 é agregado ou mil bits por segundo	A velocidade de um comutador com A tecnologia Gigabit é de 1 Gbps.

8. Servidor Radius

O servidor RADIUS (Remote Access Dial-in User Service) ou, neste estudo, servidor de autenticação é um modelo de rede de acesso que separa os três tipos de funções de controlo, nomeadamente a autenticação, a autorização e a contabilidade, para processamento independente. Neste estudo, o servidor RADIUS utilizado é o freeradius, que é uma aplicação do servidor RADIUS.

O protocolo AAA (Autenticação, Autorização, Contabilidade) define o mecanismo e os procedimentos de comunicação entre o cliente e o domínio da rede e entre o cliente e um domínio diferente para garantir a segurança do intercâmbio de dados. O quadro AAA é uma arquitetura ou quadro de trabalho, utilizado como pano de fundo necessário para identificar o modo como o RADIUS global. O modelo AAA tem a função de se centrar em três aspectos do controlo de um utilizador:

a. (Autenticação Autenticação): é o processo de aprovação da identidade do utilizador (utilizador final para aceder à rede).

$\textbf{b.}$ Authorize (Autorização): é o processo de verificação da autoridade do utilizador, que apenas os direitos de acesso são permitidos e os que não são

$\textbf{c.}$ O registo (contabilização): é o processo de recolha de dados que permite obter informações sobre o tempo que o utilizador demora a estabelecer uma ligação e a utilização da largura de banda.

9. Gateway SMS

De acordo com Katankar & Thakare (2010), a investigação sobre o SMS Usage Gateway explica a distribuição da informação que é melhor para otimizar a aplicação de um sistema de informação. Existem vários tipos de necessidades de distribuição de informação de acordo com os requisitos dessa variável. Um dos modelos de distribuição de informação que muitos ainda utilizam é o SMS Gateway, este modelo dá a eficácia na necessidade de tempo real porque a mensagem pode ser distribuída a qualquer momento e o utilizador pode receber a informação diretamente. O SMS Gateway é um dispositivo ou serviço que oferece trânsito de SMS, altera a mensagem para o tráfego da rede celular de outro meio ou vice-versa, permitindo o envio ou recebimento de mensagens SMS com ou sem o uso do Blackberry. O SMS Gateway é o mais rápido e fiável para SMS em massa. Este sistema também foi desenvolvido para aumentar a segurança do utilizador.

Capítulo 2
METODOLOGIA DE INVESTIGAÇÃO

Os materiais necessários para esta investigação são o histórico de dados de utilização da largura de banda e os dados de acesso ao sítio na rede informática que se relacionam com a velocidade da largura de banda e a capacidade da largura de banda na rede informática. Os dados recolhidos e identificados sob a forma de histórico de utilização da largura de banda e de recuperação e tratamento dos dados de utilização da largura de banda são efectuados através da observação do tráfego de utilização da largura de banda disponível no computador servidor da rede.

O método desta investigação é uma investigação efectuada por 2 métodos de implantação que utilizam a gestão da largura de banda e a utilização da largura de banda sem gestão

Na investigação efectuada, é necessário um aparelho ou dispositivo como fator de apoio na construção de uma rede informática para estabelecer uma ligação à Internet que será utilizada pelo utilizador ou utente. Agora, o aparelho necessário à investigação é apresentado sob a forma da tabela que se segue:

Tabela. 3.1. O dispositivo necessário

Não	O nome do dispositivo	Função
1	Mikrotik RB 1100 X2AH	Definir o agendamento On/Off da rede de Internet que se estenderá à comunidade e a gestão da largura de banda
2	Foguete de radiofrequência M5	Banda com entrega a partir do Escritório PT Deltauli para POP Pancurbatu
3	Foguete de rádio ubiquidade M2	Espalhar a largura de banda do POP Pancurbatu para a comunidade

4	Servidor de 2 PCs	Como o servidor RADIUS e Servidor SMS
5	Antena Omni	Para reforçar as transmissões de sinal do seu Rocket M2
6	Modem USB	Para a entrega do utilizador e da palavra-passe para iniciar sessão na rede

O procedimento de investigação seguirá o fluxograma de investigação que é uma referência da investigação efectuada de acordo com o procedimento de investigação na imagem abaixo:

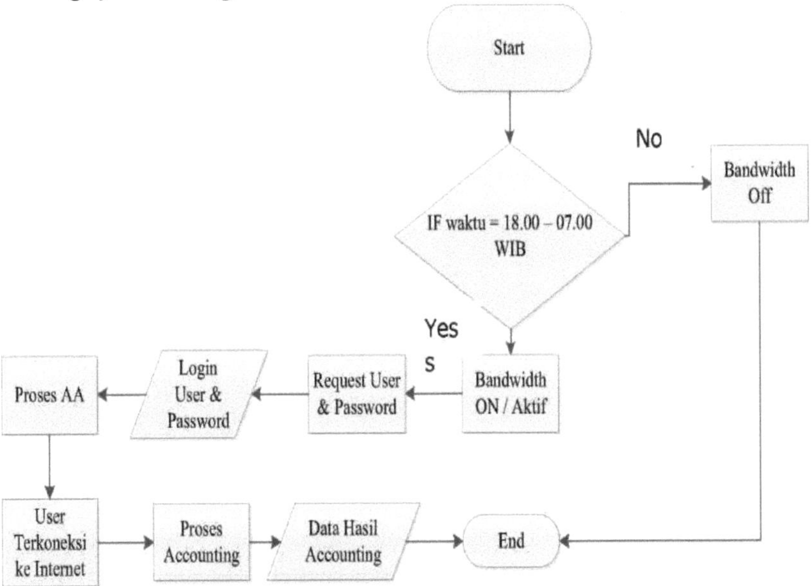

Figura 6 Fluxograma do procedimento de investigação

11. Conceção da Topologia de Rede

A topologia da rede informática é uma das técnicas de construção da estrutura ou forma de ligar o seu computador a um com outros computadores que se ligam a uma rede, em que a utilização da topologia da rede se baseia no custo da velocidade de acesso aos dados, na dimensão ou no nível de conetividade que irá afectam a qualidade e as melhorias de uma rede. Nesta investigação, serão concebidas várias fases com a utilização da topologia de rede que será examinada.

11.1 Topologia de rede sem gestão

A topologia de rede sem gestão de largura de banda será dispersa sem uma gestão onde a largura de banda será dispersa sem um login e será observada a largura de banda de tráfego e o utilizador que pode ser ligado à rede sem topologia de rede lá gestão na figura abaixo segue :

Topologia de rede sem gestão

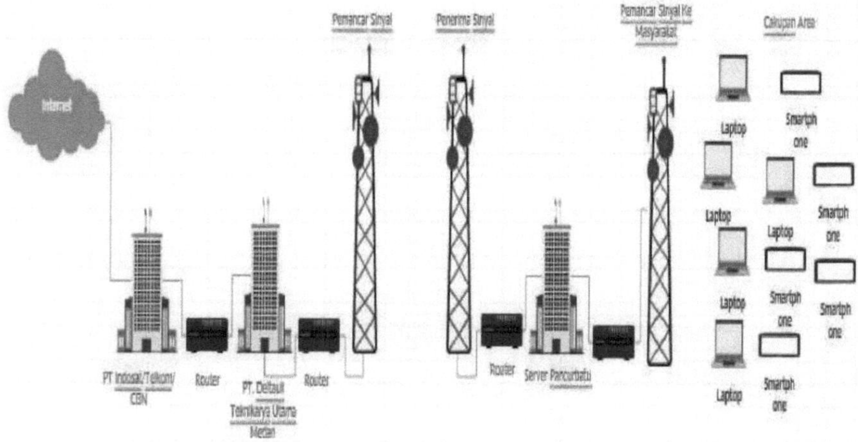

Figura 7 Topologia de rede sem gestão
Topologia de rede com gestão nesta topologia de rede a largura de banda será dispersa com a gestão onde a largura de banda será dispersa usará página de login onde este sistema requer que o utilizador obtenha um utilizador e senha enviando um pedido de sms utilizador e senha para o servidor de sms que onde na página de login aparecerá servidor de número de sms depois de se conectar à rede após o sms enviado

e a palavra-passe do utilizador e o utilizador introduz o utilizador e a palavra-passe na página de início de sessão, após o que serão automaticamente redireccionados os pacotes para a rede da Internet, a seguir apresenta-se a imagem da topologia da rede com a gestão

Topologia de rede com gestão

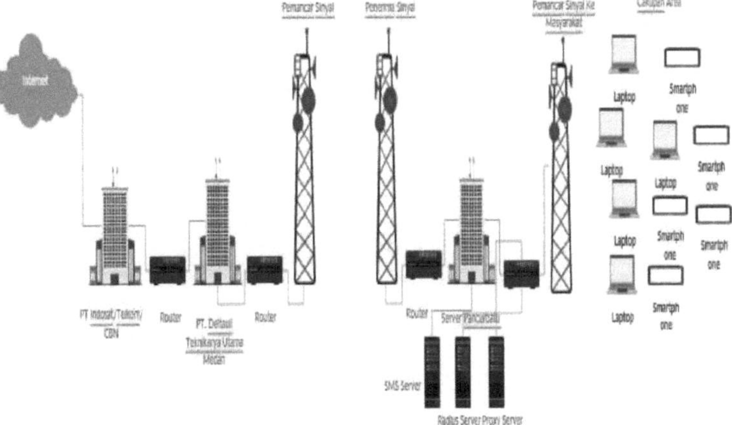

Figura 8 Topologia da rede com gestão

Na fase do processo, obtém-se o utilizador de início de sessão e a palavra-passe com base no pedido do utilizador, enviando SMS para o servidor para que o utilizador possa ligar-se à rede da Internet

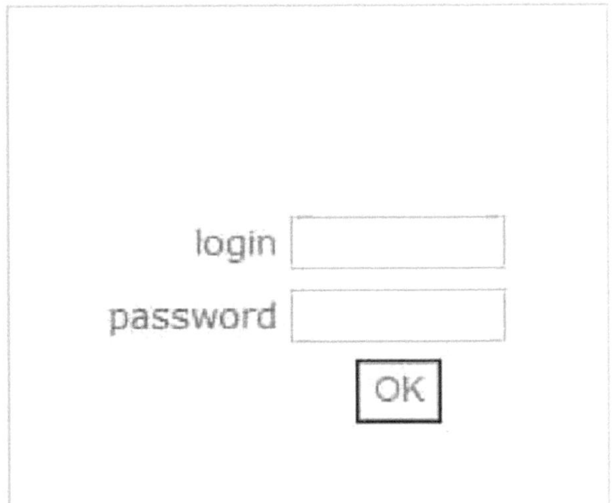

Figura 9 Formulário de início de sessão do utilizador

12. A observação Cobertura do sinal

Nesta fase desta pesquisa, o autor faz observações como metodologia para obter o layout ou ponto de cobertura do sinal que é emitido pelo POP Pancurbatu como a transmissão da propagação da facilidade de internet em horário de folga do escritório, utilizando o GPS localizado no smartphone, para que o ponto das coordenadas do local de cobertura possa ser determinado com base na descrição da latitude e longitude com a quantidade de testes do Sinal RS (Range of Signal) tanto quanto 39 pontos das coordenadas. A seguir, pode ver-se a cobertura do sinal de observação no quadro seguinte:

Tabela. 3.2. A cobertura do sinal de observação

Latitude	Longitude	Nome
98,5973245	3,478488555	RS-1
98,59769668	3,478286427	RS-2
98,59767774	3,478860147	RS-3
98,59765917	3,478999311	RS-4
98,59776718	3,478459193	RS-5
98,59776718	3,478274234	RS-6
98,59776718	3,478274234	RS-7
98,59814	3,479182778	RS-8
98,59814368	3,479135245	RS-9
98,59814368	3,479135245	RS-10
98,59814368	3,479135245	RS-11
98,59814368	3,479135245	RS-12
98,59814368	3,479135245	RS-13
98,59814368	3,479135245	RS-14
98,59814368	3,479135245	RS-15
98,59798912	3,478969942	RS-16
98,59782578	3,478868946	RS-17
98,59782578	3,478868946	RS-18
98,59782578	3,478868946	RS-19
98,59782578	3,478868946	RS-20
98,59721661	3,478494769	RS-21
98,59721661	3,478494769	RS-22
98,59626731	3,479232164	RS-23

Latitude	Longitude	Nome
98,59667242	3,479065253	RS-24
98,59667242	3,479065253	RS-25
98,59667242	3,479065253	RS-26
Latitude	**Longitude**	**Nome**
98,59667242	3,479065253	RS-27
98,59667242	3,479065253	RS-28
98,59667242	3,479065253	RS-29
98,59667242	3,479065253	RS-30
98,59667242	3,479065253	RS-31
98,59667242	3,479065253	RS-32
98,59667242	3,479065253	RS-33
98,59667242	3,479065253	RS-34
98,5973245	3,478488555	RS-35
98,5973245	3,478488555	RS-36
98,5973245	3,478488555	RS-37
98,5973245	3,478488555	RS-38
98,5973245	3,478488555	RS-39

Com base nos dados obtidos na tabela acima obtidos através do recurso GPS localizado no smartphone do usuário que está conectado a uma rede wifi. Abaixo pode ser visto um dos processos de tomada de decisão das coordenadas do ponto através do Smart Phone na figura abaixo do seguinte.

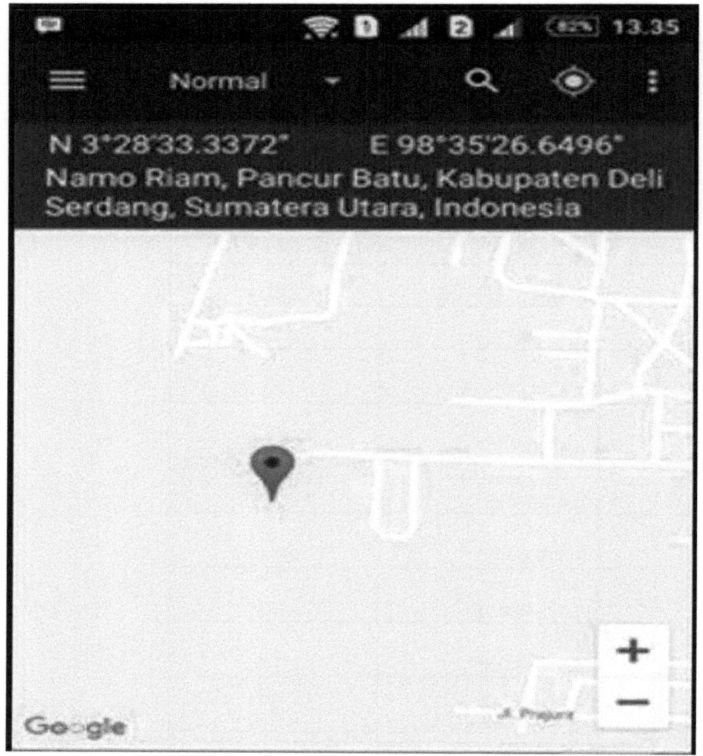

Figura 10. Coordenadas dos dados dos pontos recuperados através do GPS no smartphone

13. A configuração da rede de computadores

Atualmente, a Internet é uma das necessidades de uma instituição governamental, de um campus universitário, de uma sociedade e até de uma empresa, onde muitas empresas ou escritórios dispõem de instalações de Internet. No entanto, a Internet que se encontra num escritório não é utilizada quando as actividades do horário de expediente já estão concluídas. Neste caso, a ligação à Internet que se encontra no escritório não é utilizada ao máximo.

Para isso, os autores criaram uma rede de Internet, utilizando a facilidade de Internet localizada no escritório, que pode ser utilizada pela comunidade quando a atividade ou actividades no escritório terminam. A utilização do serviço de Internet localizado nos escritórios deve ter regras que permitam a sua utilização pelo utilizador ou utente. Por conseguinte, é necessária uma gestão que possa ser estabelecida na divisão das instalações da Internet entre a comunidade ou os utilizadores, a fim de evitar a partilha ou a utilização de sítios que não sejam oficiais, de modo a que as instalações da Internet situadas nos escritórios possam ser utilizadas de forma adequada.

As definições de configuração ou o processo de definição das partes que compõem o conjunto que, com base nos seus detalhes específicos de hardware e software no dispositivo ligado, a capacidade ou a capacidade do sistema que é criado. Para isso, no processo de utilização do escritório de instalação da Internet, primeiro é feita a configuração da rede de computadores como uma ordem de configuração ou de fazer existir um objeto ou dispositivos de hardware de rede.

14. O processo de ligação à Internet

A fase do processo de ligação à Internet nesta investigação tem várias etapas para obter instalações gratuitas de Internet que são preparadas pelo gabinete fora de horas. Algumas fases do processo de ligação à Internet podem ser vistas da seguinte forma:

1. Processo de Hotspot Dial-Up

    Nesta fase, o utilizador ativa a rede sem fios localizada no smartphone ou no gadget, pelo que a rede sem fios no smartphone ou no gadget captará o sinal de ligação à Internet fornecido pelo escritório fora de horas. Neste estudo, é possível constatar que a ligação gratuita à Internet está ativa nas instalações fora do horário de expediente.

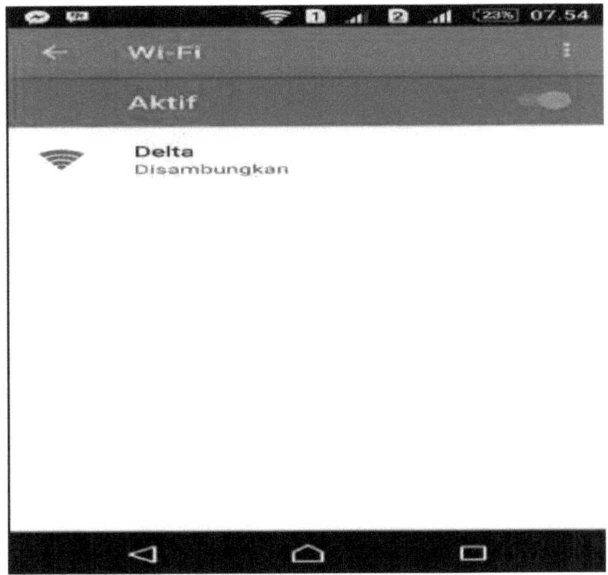

Figura 11 O Hostpot ativo no smartphone

2. Processo de início de sessão do utilizador

Nesta fase da investigação, o utilizador será confrontado com a interface do serviço de Internet gratuito fornecido pelo escritório fora de horas. Recomenda-se aos utilizadores que solicitem a entrega ou uma palavra-passe para nenhum centro que tenha sido fornecido pelo hotspot. Na figura abaixo, pode ver-se a interface de visualização da Internet gratuita:

Figura 12 Formulário de início de sessão do utilizador

3. Estado do utilizador Ligado à Internet

Nesta fase da investigação, depois de o utilizador se ligar à Internet, será diretamente redireccionado para a página do Google, pelo que será visto um dos estados do utilizador que está ligado à Internet no Hotspot fornecido pelo escritório fora de horas. O estado do utilizador que está

A ligação à Internet pode ser vista na imagem abaixo:

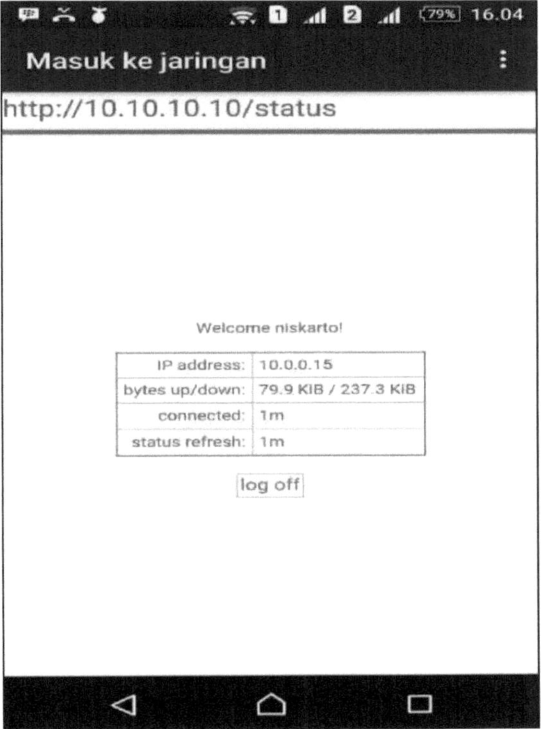

Figura 13 Estado da Internet ligada ao utilizador

4. Proses User Log Out

Nesta fase da investigação, será claramente visível o estado do utilizador na utilização dos recursos da Internet que foram utilizados, com a descrição do longo tempo em linha e a quantidade de partilha de dados feita pelo utilizador. Na figura abaixo, pode ver-se o estado da utilização da Internet pelo utilizador quando o processo de terminar a sessão:

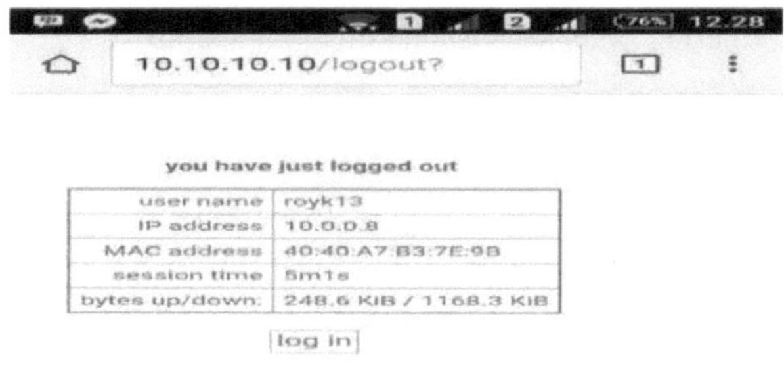

Figura 14 Encerramento do processo

5. Banda com Utilização

Nesta fase da investigação, explica-se que o estado da utilização da largura de banda da ligação à Internet que se encontra no hotspot das instalações da Internet fora do horário de expediente pode ser visto no consumo total de largura de banda registado no radius manager. Abaixo pode ser visto o consumo total de largura de banda no gestor de imagem radius o seguinte

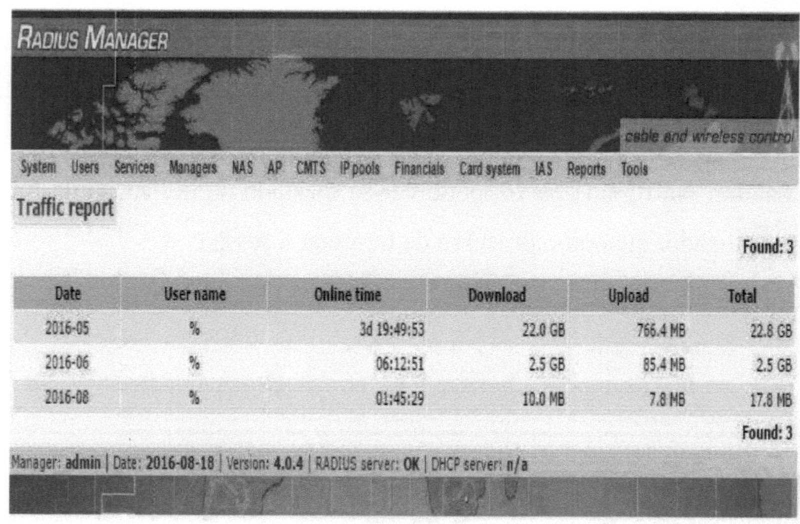

Date	User name	Online time	Download	Upload	Total
2016-05	%	3d 19:49:53	22.0 GB	766.4 MB	22.8 GB
2016-06	%	06:12:51	2.5 GB	85.4 MB	2.5 GB
2016-08	%	01:45:29	10.0 MB	7.8 MB	17.8 MB

Manager: admin | Date: 2016-08-18 | Version: 4.0.4 | RADIUS server: OK | DHCP server: n/a

Figura 15 Notas sobre a utilização total da largura de banda

14. Largura de banda largura de banda

Utilização do computador numa rede informática, muitas vezes utilizada como sinónimo de taxa de transferência de dados, com a quantidade de dados que podem ser levados de um ponto para outro num determinado período de tempo, em unidades de segundos ou designada pela unidade de tempo (BPS Bytes por segundo). A largura de banda desempenha um papel muito importante na gestão de uma rede informática. A gestão da largura de banda tem um papel importante na gestão dos vários tipos de aplicações que podem aceder à Internet, para além de que a gestão da largura de banda também é capaz de prestar serviços às aplicações que obtêm atribuição de largura de banda para continuarem a enviar dados de acordo com as necessidades. Na ligação à Internet na rede, o congestionamento do tráfego ocorre frequentemente, mesmo em determinadas circunstâncias, quando a atribuição de largura de banda que é propriedade de uma aplicação e serviço não está a utilizar a Gestão de Largura de Banda, pelo que a atribuição da largura de banda é superior às necessidades reais e resultará num desperdício de largura de banda. Assim também quando se dá uma largura de banda inferior às reais necessidades e o acesso para o consumidor se torna mais lento o que como consequência prejudica o utilizador. A utilização simultânea da Internet pode afetar o desempenho da rede com um aumento do número de utilizadores. A rede também desempenha um papel importante na definição das necessidades de largura de banda para cada serviço de aplicações de Internet que são variadas. A disponibilidade de largura de banda da rede é um fator importante na seleção dos serviços do site. Abaixo podem ser vistos os resultados da utilização da gestão da largura de banda e os resultados da utilização da largura de banda sem gestão.

14.1 Resultados da utilização da largura de banda com a Direção

Os resultados da utilização da largura de banda com a Gestão na fase desta investigação é necessária para a configuração na largura de banda utilizando a gestão para evitar que o utilizador ou utilizador (utilizador) em sites abertos é proibido pela religião e pelo governo, de modo que esses sites podem ser bloqueados na largura de banda instalações de internet fornecidas pelo escritório off-time. Abaixo podem ser vistos os resultados da utilização da largura de banda com a gestão.

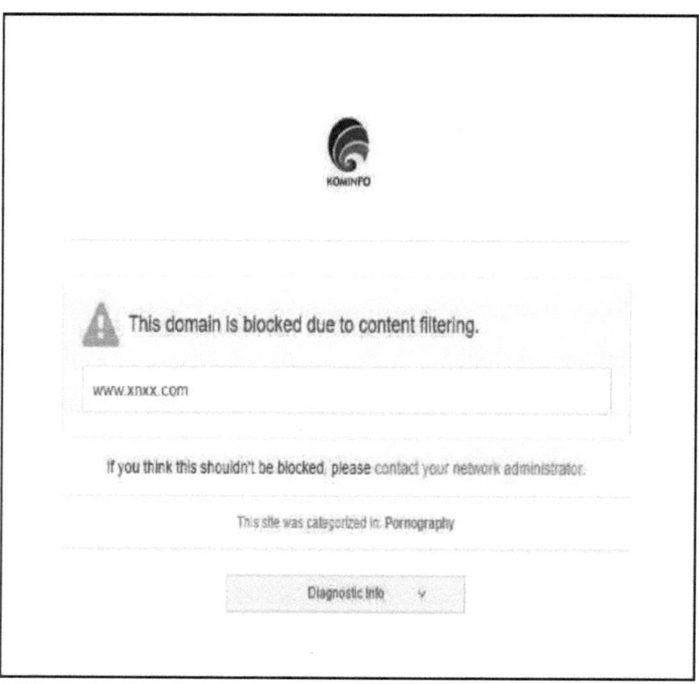

Figura 16 Resultados do bloqueio da utilização da largura de banda do sítio com o desenvolvimento

A utilização da largura de banda com a gestão também pode efetuar estas definições de restrições de capacidade ou de velocidade que uniformemente sobre cada utilizador ou utilizador na utilização da largura de banda das instalações da Internet em tempo livre do escritório de modo a que a capacidade da largura de banda da ligação à Internet seja dividida em média por cada utilizador ou utilizador (utilizador). Abaixo podem ser vistos os resultados da divisão da largura de banda da ligação à Internet de forma equitativa por cada utilizador ou utilizador (utilizador), conforme abaixo indicado:

#	Name	Target	Upload Max Limit	Download Max Limit	Packet Marks	Upload
1	Menuju ...	192.168.8.0/24	unlimited	unlimited		7.9 kbps
2	st01	192.168.8.1	256k	256k		5.5 kbps
3	st02	192.168.8.2	256k	256k		0 bps
4	st03	192.168.8.3	256k	256k		0 bps
5	st04	192.168.8.4	256k	256k		39.6 kbps
6	st05	192.168.8.5	256k	256k		3.6 kbps
7	st06	192.168.8.6	256k	256k		0 bps
8	st07	192.168.8.7	256k	256k		0 bps
9	st08	192.168.8.8	256k	256k		7.7 kbps
10	st09	192.168.8.9	256k	256k		7.8 kbps
11	st10	192.168.8.10	256k	256k		19.8 kbps
12	st11	192.168.8.11	256k	256k		124.3 kbps
13	st12	192.168.8.12	256k	256k		0 bps
14	st13	192.168.8.13	256k	256k		0 bps
15	st14	192.168.8.14	256k	256k		35.6 kbps
16	st15	192.168.8.15	256k	256k		1644 bps
17	st16	192.168.8.16	256k	256k		11.6 kbps
18	st17	192.168.8.17	256k	256k		8.2 kbps
19	st18	192.168.8.18	256k	256k		6.1 kbps
20 X	st19	192.168.8.19	256k	256k		0 bps

Figura 17 Resultados da distribuição da capacidade de largura de banda
com a Gestão

O tempo de atividade dos utilizadores com a gestão da largura de banda também pode ser visto a partir do pedido de tráfego ou do pedido do utilizador da largura de banda das instalações da Internet fornecidas pelo escritório fora de horas, para que se possa saber o tempo de utilização das instalações da Internet durante as horas em que o escritório está completo. Abaixo pode ver-se o tráfego do utilizador da largura de banda que é utilizado pelo utilizador com base no tempo que foi determinado.

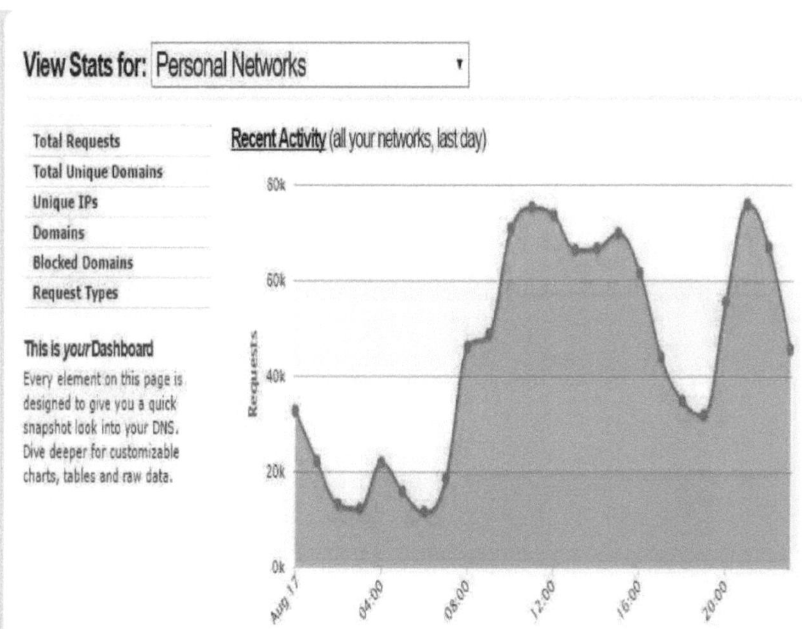

Figura 18. Resultados dos dados estatísticos sobre a utilização da largura de banda da Internet por utilizador

14.2 Os resultados da utilização da largura de banda sem a Gestão.

Nesta fase da presente investigação os resultados obtidos pela utilização da largura de banda sem gestão apresentam muitas falhas. Sobre a utilização da largura de banda sem a gestão pode ser visto em termos de utilização da capacidade de utilização da largura de banda da internet que não é mesmo em cada utilizador, assim acontece puxar a capacidade de largura de banda interessante em cada utilizador que está a utilizar a largura de banda da internet em horário pós-laboral. Abaixo podem ser vistos os resultados da utilização da largura de banda sem a gestão.

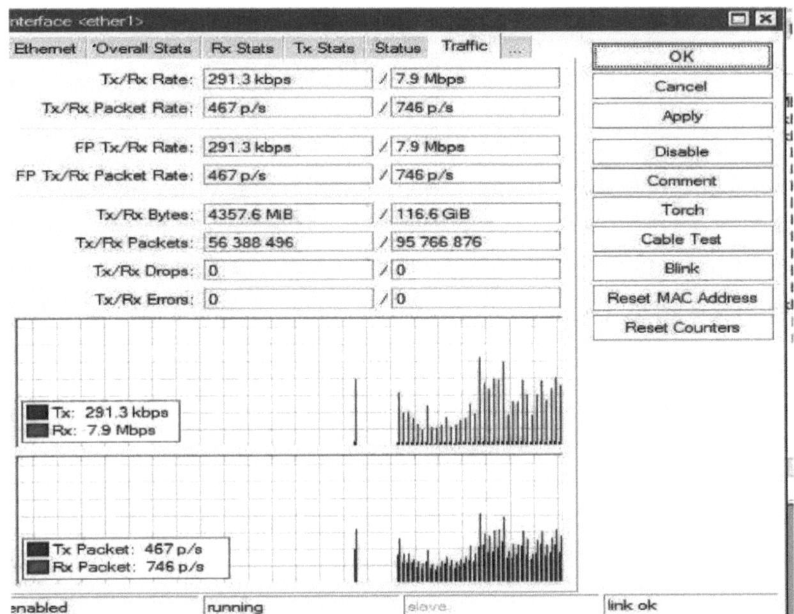

Figura 19. Os resultados da utilização da largura de banda sem a Gestão

Com base na imagem acima, verifica-se que a capacidade de velocidade da ligação à Internet do utilizador ou do utilizador (utilizador) não está distribuída uniformemente, pelo que é frequente a ligação à Internet falhar ou a ligação à Internet atrasar-se para alguns utilizadores que utilizam a largura de banda das instalações da Internet fora do horário de expediente. Além disso, a utilização da largura de banda sem gestão fará com que o utilizador ou os utilizadores com flexibilidade abram o sítio que é proibido pela religião e pelo governo. A seguir, apresentam-se os dados do sítio ou domínio frequentemente aberto pelo utilizador quando este utiliza os serviços de ligação à Internet fora do horário de expediente sem gestão da largura de banda.

Domains

Domains ▾	for	Personal Networks ▾	on 2016-08-18	or choose a range of days	Apply

Filter: View only requests that were blocked ▾

Next ⟶

RANK	DOMAIN	REASON	REQUESTS
1	bokeponline.gratis	Nudity, ...	2,696
2	bandep.net	Pornography	1,340
3	moviesexhd.com	Nudity, ...	1,214
4	syndication.exoclick.com	Lingerie/Bikini, ...	1,097
5	cdn.popcash.net	Pornography	1,082
6	mega3x.net	Nudity, ...	833
7	qaigol18.com	Pornography	600
8	u-on.eu	Nudity, ...	521
9	jandahot.com	Pornography	517
10	8xxxxxxxx.com	Pornography	307
11	phimditnhau.biz	Pornography	281
12	openload.co	File Storage, ...	221
13	showjav.com	Pornography	188
14	javhd69.net	Pornography	165
15	bokepml.xyz	Pornography	155
16	sexmoi.biz	Pornography	153
17	2a.tubemillion.com	Pornography	152
18	sexvl.org	Pornography	149

Figura 20 Os resultados dos dados do sítio ou do domínio que foram abertos pelo utilizador sem a gestão

15. A localização do emissor de rádio

Nesta investigação, o local utilizado é um transmissor de rádio situado na PT Deltauli teknikarya, que será transmitido para o local do Pancurbatu com distância ou cobertura alargada. O processo de propagação das instalações da Internet será efectuado através do POP (Ponto de Presença), que se situa no local do Pancurbatu. O POP (Ponto de Presença) faz parte da infraestrutura exterior de um ISP que liga o ISP aos utilizadores, podendo a infraestrutura do POP incluir uma série de dispositivos físicos que servem para criar e terminar a ligação contínua (ponto de terminação ou demarcação) entre um ISP e o utilizador.

Abaixo podem ser vistos os resultados da distância entre o POP Pancurbatu e a PT Deltauliteknikarya Home através do google eart:

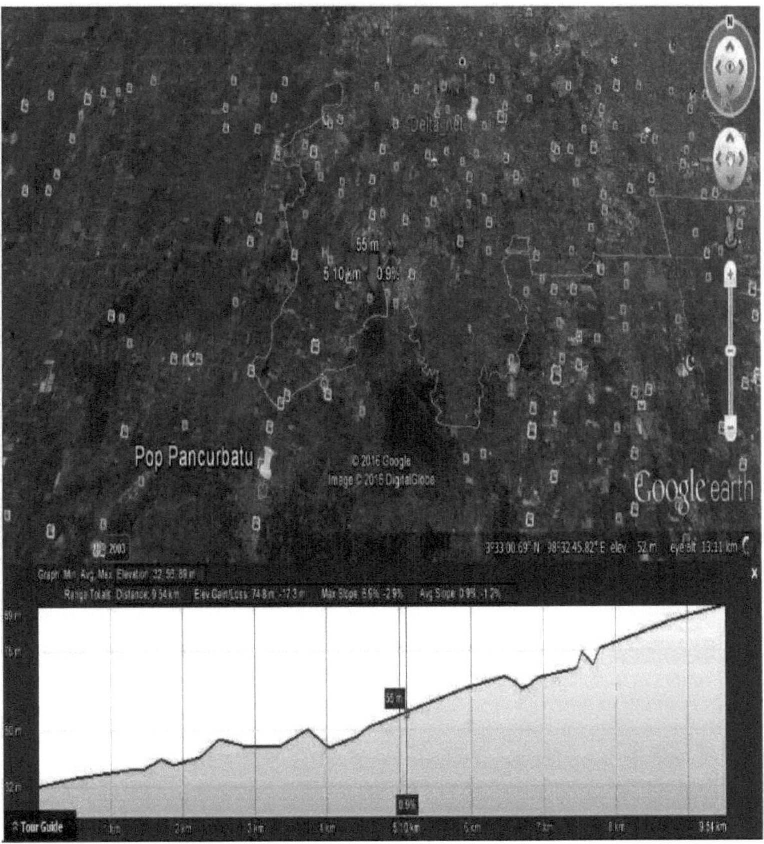

Figura 21 Resultados da distância entre o POP Pancurbatu e a PT Deltauliteknikarya Home

A localização da cobertura do sinal de ligação à Internet que pode ser acedido pela comunidade. A utilização da largura de banda da instalação de internet que se estende à comunidade tem uma cobertura muito ampla de modo que a comunidade pode usufruir da instalação de internet no raio ± 1 Km marcado na linha verde. Abaixo podem ser vistos os resultados de cobertura do sinal de internet que pode ser acedido pela comunidade através do google earth.

Figura 22 Resultados da localização Cobertura do sinal Ligação à Internet

40

Conclusão

A conclusão da investigação é que a utilização da largura de banda não utilizada da Internet nas horas de folga pode ser utilizada para divulgar a largura de banda da Internet, de modo a que a comunidade possa usufruir da Internet gratuitamente para alargar os conhecimentos da comunidade e pode tornar-se um entretenimento comunitário com a presença da Internet, que é rápida e barata.

Com base nos resultados e na discussão da investigação que foram apresentados nos capítulos anteriores, a conclusão que pode ser obtida nesta investigação é a seguinte

1. Com a existência da utilização de instalações de Internet de banda larga nos escritórios fora de horas pode ajudar as pessoas a obter facilmente uma informação e também como um meio de entretenimento para a comunidade.

2. Para tirar partido das facilidades da Internet nas horas vagas, o escritório recorre à gestão da largura de banda, de modo a que a divisão da distribuição da largura de banda da Internet seja uniforme e possa antecipar a utilização da Internet pela comunidade, proibida pelo governo e pela religião.

3. No processo de ligação à Internet fora do horário de expediente, o escritório utiliza o gateway sms como ponteiro de autenticação da

identidade do utilizador que será ligado às instalações da Internet

o, de modo a que o utilizador possa termanajemen com ambos pelo

servidor. 4. Sobre a utilização de instalações de internet de largura de

banda fora do tempo usando foguete m2 como evangelismo sinal em raio

± 1 km, de modo que a distância de cobertura na propagação da ligação

à Internet na sociedade em geral.

Esta investigação pode ser desenvolvida através da adição de

algumas instalações de Internet fora do horário de expediente, de modo

a que a capacidade de largura de banda possa tornar-se cada vez mais do

público para desfrutar da facilidade de Internet para adicionar algum

transmissor de sinal de ligação à Internet e também obter uma ligação

rápida à Internet. No desenvolvimento desta investigação, os autores

sugerem que se aumente a cobertura de sinal utilizando o seu unifi

exterior, de modo a que a cobertura de sinal obtida atinja ± 2 km.

DAFTAR PUSTAKA

Agung, S. 2005. *Remote Authentication Dial in User Service (RADIUS) untuk Autentikasi Pengguna Wireless LAN*. Laporan Akhir EC-5010, ITB.

Ariyanto,J. 2008. *Desenho e implementação de um sistema de autenticação de um ponto de acesso com o Pfsense e o servidor Radius*. Tugas Akhir, Jurusan Teknik Elektro S1, Universitas Muhammdiyah Jakarta.

Dwi Febrian Hadriyanto, 2009, *Kajian Penggunaan Mikrotik Router Sebagai Router Pada Jaringan Komputer*.

Fajar, 2007, *Setup Mikrotik Sebagai Gateway Server*,

Forouzan, B.A. 2005. Conjunto de protocolos TCP/IP : Terceira edição. McGraw-Hill : Índia.

Harry Prihanto, *Membangun Jaringan Komputer*, Ilmukomputer.com Juni 2011

Imam. R. 2010. *Optimasi Bandwidth Menggunakan Traffic Shapping*. Jogjapress.

Katankar, V.K. & Thakare, V.M. 2010. Serviço de mensagens curtas utilizando o SMS Gateway. *Jornal Internacional de Ciência e Engenharia da Computação* 2(4): 14871491.

Lammle, T. 2012. Network Plus: Segunda Edição. Wiley : Indiana.

Mujahidin,Tafaul.2001.*Bandwidth Dengan Menerapkan Metode Per Fila de espera de ligação*.Udinus

Peterson, L.L. & Davie, B.S. 2003. Rede de Computadores. *Uma Abordagem Sistémica*: Terceira Edição. Morgan Kaufmann : EUA.

Sanjaya, Ridwan. 2005. *Trik Mengelola Kuota Internet Bersama Squid*. Penerbit Elex Media Komputindo, Jacarta.

Saputro, Daniel T, Kustanto. 2008. Membangun Server Internet dengan Mikrotik OS. Gava Media: Yogyakarta

Shafinah, K. & Ikram, M.M. 2011. Segurança de ficheiros baseada no conceito de Pretty Good Privacy (PGP). *Jornal de Ciência da Informação e Computação* 4(4): 1913-8997.

Sofana, I. 2008. *Membangun Jaringan Komputer*. Bandung : Informatika Bandung

Sukiswo. 2008. *Transmissão: Jurnal Teknik Elektro Jilid 10.*Undip Semarang.

Syafrijal, M. 2005. *Pengantar Jaringan Komputer*. Yogyakarta : Penerbit Andi

Tanenbaum, A.S. 2003, "*Computer Networks*", Prentise Hall. New Jersey.

Tornero, R., Orduna, J.M., Mejia, A., Flich, J. & Duato, J. 2011. A Técnica de roteamento orientada à comunicação para NoCs específicas de aplicações. *Jornal Internacional de Programação Paralela* 39(3): 357-374.

Printed by Books on Demand GmbH, Norderstedt / Germany